Monthly & Weekly
Budget Planner

This Book Belongs To:

_____

_____

_____

Monthly Budget

MONTH:

INCOME 1	INCOME 2	INCOME 3	INCOME 4	TOTAL

TOTAL MONTHLY INCOME

EXPENSES:

BILL TO BE PAID	DATE	AMOUNT	PAID	NOTE
			○	
			○	
			○	
			○	
			○	
			○	
			○	
			○	
			○	
			○	
			○	
			○	
			○	
			○	
			○	
			○	
			○	
			○	
			○	

TOTAL

Monthly Budget

MONTH:

OTHER EXPENSES	DATE	AMOUNT	NOTE
TOTAL			

TOTAL INCOME:

TOTAL EXPENSES:

DIFFERENCE:

NOTES: _____

Monthly Budget

MONTH:

INCOME 1	INCOME 2	INCOME 3	INCOME 4	TOTAL

TOTAL MONTHLY INCOME

EXPENSES:

BILL TO BE PAID	DATE	AMOUNT	PAID	NOTE
			○	
			○	
			○	
			○	
			○	
			○	
			○	
			○	
			○	
			○	
			○	
			○	
			○	
			○	
			○	
			○	
			○	
			○	
			○	
			○	

TOTAL

Monthly Budget

MONTH:

OTHER EXPENSES	DATE	AMOUNT	NOTE
TOTAL			

TOTAL INCOME:

TOTAL EXPENSES:

DIFFERENCE:

NOTES: _____

Monthly *Budget*

MONTH:

INCOME 1	INCOME 2	INCOME 3	INCOME 4	TOTAL

TOTAL MONTHLY INCOME

EXPENSES:

BILL TO BE PAID	DATE	AMOUNT	PAID	NOTE
			○	
			○	
			○	
			○	
			○	
			○	
			○	
			○	
			○	
			○	
			○	
			○	
			○	
			○	
			○	
			○	
			○	
			○	
			○	
			○	

TOTAL

Monthly Budget

MONTH:

OTHER EXPENSES	DATE	AMOUNT	NOTE
TOTAL			

TOTAL INCOME:

TOTAL EXPENSES:

DIFFERENCE:

NOTES: _____

Monthly Budget

MONTH:

INCOME 1	INCOME 2	INCOME 3	INCOME 4	TOTAL

TOTAL MONTHLY INCOME

EXPENSES:

BILL TO BE PAID	DATE	AMOUNT	PAID	NOTE
			○	
			○	
			○	
			○	
			○	
			○	
			○	
			○	
			○	
			○	
			○	
			○	
			○	
			○	
			○	
			○	
			○	
			○	
			○	
			○	

TOTAL

Monthly *Budget*

MONTH:

OTHER EXPENSES	DATE	AMOUNT	NOTE
TOTAL			

TOTAL INCOME:

TOTAL EXPENSES:

DIFFERENCE:

NOTES:

Monthly Budget

MONTH:

INCOME 1	INCOME 2	INCOME 3	INCOME 4	TOTAL

TOTAL MONTHLY INCOME

EXPENSES:

BILL TO BE PAID	DATE	AMOUNT	PAID	NOTE
			○	
			○	
			○	
			○	
			○	
			○	
			○	
			○	
			○	
			○	
			○	
			○	
			○	
			○	
			○	
			○	
			○	
			○	
			○	
			○	

TOTAL

Monthly Budget

MONTH:

OTHER EXPENSES	DATE	AMOUNT	NOTE
TOTAL			

TOTAL INCOME:

TOTAL EXPENSES:

DIFFERENCE:

NOTES: _____

Monthly Budget

MONTH:

INCOME 1	INCOME 2	INCOME 3	INCOME 4	TOTAL

TOTAL MONTHLY INCOME

EXPENSES:

BILL TO BE PAID	DATE	AMOUNT	PAID	NOTE
			○	
			○	
			○	
			○	
			○	
			○	
			○	
			○	
			○	
			○	
			○	
			○	
			○	
			○	
			○	
			○	
			○	
			○	
			○	
			○	
			○	

TOTAL

Monthly *Budget*

MONTH: ☐

OTHER EXPENSES	DATE	AMOUNT	NOTE
TOTAL			

TOTAL INCOME:

TOTAL EXPENSES:

DIFFERENCE:

NOTES: _____

Monthly Budget

MONTH:

INCOME 1	INCOME 2	INCOME 3	INCOME 4	TOTAL

TOTAL MONTHLY INCOME

EXPENSES:

BILL TO BE PAID	DATE	AMOUNT	PAID	NOTE
			○	
			○	
			○	
			○	
			○	
			○	
			○	
			○	
			○	
			○	
			○	
			○	
			○	
			○	
			○	
			○	
			○	
			○	
			○	
			○	
			○	
			○	

TOTAL

Monthly Budget

MONTH:

OTHER EXPENSES	DATE	AMOUNT	NOTE
TOTAL			

TOTAL INCOME:

TOTAL EXPENSES:

DIFFERENCE:

NOTES: _____

Monthly Budget

MONTH:

INCOME 1	INCOME 2	INCOME 3	INCOME 4	TOTAL

TOTAL MONTHLY INCOME

EXPENSES:

BILL TO BE PAID	DATE	AMOUNT	PAID	NOTE
			○	
			○	
			○	
			○	
			○	
			○	
			○	
			○	
			○	
			○	
			○	
			○	
			○	
			○	
			○	
			○	
			○	
			○	
			○	
			○	

TOTAL

Monthly Budget

MONTH:

OTHER EXPENSES	DATE	AMOUNT	NOTE
TOTAL			

TOTAL INCOME:

TOTAL EXPENSES:

DIFFERENCE:

NOTES: _____

Monthly Budget

MONTH:

INCOME 1	INCOME 2	INCOME 3	INCOME 4	TOTAL

TOTAL MONTHLY INCOME

EXPENSES:

BILL TO BE PAID	DATE	AMOUNT	PAID	NOTE
			○	
			○	
			○	
			○	
			○	
			○	
			○	
			○	
			○	
			○	
			○	
			○	
			○	
			○	
			○	
			○	
			○	
			○	
			○	
			○	

TOTAL

Monthly Budget

MONTH:

OTHER EXPENSES	DATE	AMOUNT	NOTE
TOTAL			

TOTAL INCOME:

TOTAL EXPENSES:

DIFFERENCE:

NOTES: _____

Monthly *Budget*

MONTH:

INCOME 1	INCOME 2	INCOME 3	INCOME 4	TOTAL

TOTAL MONTHLY INCOME

EXPENSES:

BILL TO BE PAID	DATE	AMOUNT	PAID	NOTE
			○	
			○	
			○	
			○	
			○	
			○	
			○	
			○	
			○	
			○	
			○	
			○	
			○	
			○	
			○	
			○	
			○	
			○	
			○	
			○	

TOTAL

Monthly Budget

MONTH:

OTHER EXPENSES	DATE	AMOUNT	NOTE
TOTAL			

TOTAL INCOME:

TOTAL EXPENSES:

DIFFERENCE:

NOTES: _____

Monthly Budget

MONTH:

INCOME 1	INCOME 2	INCOME 3	INCOME 4	TOTAL

TOTAL MONTHLY INCOME

EXPENSES:

BILL TO BE PAID	DATE	AMOUNT	PAID	NOTE
			○	
			○	
			○	
			○	
			○	
			○	
			○	
			○	
			○	
			○	
			○	
			○	
			○	
			○	
			○	
			○	
			○	
			○	
			○	
			○	
			○	
			○	

TOTAL

Monthly *Budget*

MONTH:

OTHER EXPENSES	DATE	AMOUNT	NOTE
TOTAL			

TOTAL INCOME:

TOTAL EXPENSES:

DIFFERENCE:

NOTES: _____

Monthly Budget

MONTH:

INCOME 1	INCOME 2	INCOME 3	INCOME 4	TOTAL

TOTAL MONTHLY INCOME

EXPENSES:

BILL TO BE PAID	DATE	AMOUNT	PAID	NOTE
			○	
			○	
			○	
			○	
			○	
			○	
			○	
			○	
			○	
			○	
			○	
			○	
			○	
			○	
			○	
			○	
			○	
			○	
			○	
			○	

TOTAL

Monthly Budget

MONTH:

OTHER EXPENSES	DATE	AMOUNT	NOTE
TOTAL			

TOTAL INCOME:

TOTAL EXPENSES:

DIFFERENCE:

NOTES: _____

WEEKLY *Expense Tracker*

MONTH: ____ **WEEK OF:** ____ **BUDGET:** ____

Monday — Date: __/__/__

DESCRIPTION	AMOUNT
TOTAL	

Tuesday — Date: __/__/__

DESCRIPTION	AMOUNT
TOTAL	

Wednesday — Date: __/__/__

DESCRIPTION	AMOUNT
TOTAL	

Thursday — Date: __/__/__

DESCRIPTION	AMOUNT
TOTAL	

WEEKLY *Expense Tracker*

MONTH: **WEEK OF:**   **BUDGET:**

Friday   Date: ___/___/___

DESCRIPTION	AMOUNT
TOTAL	

Saturday   Date: ___/___/___

DESCRIPTION	AMOUNT
TOTAL	

Sunday   Date: ___/___/___

DESCRIPTION	AMOUNT
TOTAL	

Notes: _____

WEEKLY *Expense Tracker*

MONTH: _____ **WEEK OF:** _____ **BUDGET:** _____

Monday Date: ___/___/___

DESCRIPTION	AMOUNT
TOTAL	

Tuesday Date: ___/___/___

DESCRIPTION	AMOUNT
TOTAL	

Wednesday Date: ___/___/___

DESCRIPTION	AMOUNT
TOTAL	

Thursday Date: ___/___/___

DESCRIPTION	AMOUNT
TOTAL	

WEEKLY *Expense Tracker*

MONTH: _____ **WEEK OF:** _____ **BUDGET:** _____

Friday — Date: ___/___/___

DESCRIPTION	AMOUNT
TOTAL	

Saturday — Date: ___/___/___

DESCRIPTION	AMOUNT
TOTAL	

Sunday — Date: ___/___/___

DESCRIPTION	AMOUNT
TOTAL	

Notes:

_____
_____
_____
_____
_____
_____
_____
_____
_____
_____
_____
_____
_____

WEEKLY *Expense Tracker*

MONTH: _____ **WEEK OF:** _____ **BUDGET:** _____

Monday Date: ___/___/___

DESCRIPTION	AMOUNT
TOTAL	

Tuesday Date: ___/___/___

DESCRIPTION	AMOUNT
TOTAL	

Wednesday Date: ___/___/___

DESCRIPTION	AMOUNT
TOTAL	

Thursday Date: ___/___/___

DESCRIPTION	AMOUNT
TOTAL	

WEEKLY *Expense Tracker*

MONTH: _____   **WEEK OF:** _____   **BUDGET:** _____

Friday Date: ___/___/___

DESCRIPTION	AMOUNT
TOTAL	

Saturday Date: ___/___/___

DESCRIPTION	AMOUNT
TOTAL	

Sunday Date: ___/___/___

DESCRIPTION	AMOUNT
TOTAL	

Notes: _____
_____
_____
_____
_____
_____
_____
_____
_____
_____
_____

WEEKLY *Expense Tracker*

MONTH: _____ **WEEK OF:** _____ **BUDGET:** _____

Monday — Date: ___ /___ /___

DESCRIPTION	AMOUNT
TOTAL	

Tuesday — Date: ___ /___ /___

DESCRIPTION	AMOUNT
TOTAL	

Wednesday — Date: ___ /___ /___

DESCRIPTION	AMOUNT
TOTAL	

Thursday — Date: ___ /___ /___

DESCRIPTION	AMOUNT
TOTAL	

WEEKLY *Expense Tracker*

MONTH: **WEEK OF:**   **BUDGET:**

Friday   Date: ___ /___ /___

DESCRIPTION	AMOUNT
TOTAL	

Saturday   Date: ___ /___ /___

DESCRIPTION	AMOUNT
TOTAL	

Sunday   Date: ___ /___ /___

DESCRIPTION	AMOUNT
TOTAL	

Notes:

_____
_____
_____
_____
_____
_____
_____
_____
_____
_____
_____
_____

WEEKLY *Expense Tracker*

MONTH: _____ **WEEK OF:** _____ **BUDGET:** _____

Monday — Date: ___/___/___

DESCRIPTION	AMOUNT
TOTAL	

Tuesday — Date: ___/___/___

DESCRIPTION	AMOUNT
TOTAL	

Wednesday — Date: ___/___/___

DESCRIPTION	AMOUNT
TOTAL	

Thursday — Date: ___/___/___

DESCRIPTION	AMOUNT
TOTAL	

WEEKLY *Expense Tracker*

MONTH: **WEEK OF:**   **BUDGET:**

Friday   Date: ___/___/___

DESCRIPTION	AMOUNT
TOTAL	

Saturday   Date: ___/___/___

DESCRIPTION	AMOUNT
TOTAL	

Sunday   Date: ___/___/___

DESCRIPTION	AMOUNT
TOTAL	

Notes:
_____
_____
_____
_____
_____
_____
_____
_____
_____
_____
_____
_____

WEEKLY *Expense Tracker*

MONTH: _____ **WEEK OF:** _____ **BUDGET:** _____

Monday — Date: ___ / ___ / ___

DESCRIPTION	AMOUNT
TOTAL	

Tuesday — Date: ___ / ___ / ___

DESCRIPTION	AMOUNT
TOTAL	

Wednesday — Date: ___ / ___ / ___

DESCRIPTION	AMOUNT
TOTAL	

Thursday — Date: ___ / ___ / ___

DESCRIPTION	AMOUNT
TOTAL	

WEEKLY *Expense Tracker*

MONTH: **WEEK OF:**   **BUDGET:**

Friday   Date: __/__/__

DESCRIPTION	AMOUNT
TOTAL	

Saturday   Date: __/__/__

DESCRIPTION	AMOUNT
TOTAL	

Sunday   Date: __/__/__

DESCRIPTION	AMOUNT
TOTAL	

Notes: _____
_____
_____
_____
_____
_____
_____
_____
_____
_____
_____
_____

WEEKLY *Expense Tracker*

MONTH: _____ **WEEK OF:** _____ **BUDGET:** _____

Monday — Date: ___/___/___

DESCRIPTION	AMOUNT
TOTAL	

Tuesday — Date: ___/___/___

DESCRIPTION	AMOUNT
TOTAL	

Wednesday — Date: ___/___/___

DESCRIPTION	AMOUNT
TOTAL	

Thursday — Date: ___/___/___

DESCRIPTION	AMOUNT
TOTAL	

WEEKLY *Expense Tracker*

MONTH: **WEEK OF:**   **BUDGET:**

Friday   Date: ___ /___ /___

DESCRIPTION	AMOUNT
TOTAL	

Saturday   Date: ___ /___ /___

DESCRIPTION	AMOUNT
TOTAL	

Sunday   Date: ___ /___ /___

DESCRIPTION	AMOUNT
TOTAL	

Notes: _____
_____
_____
_____
_____
_____
_____
_____
_____
_____
_____
_____

WEEKLY *Expense Tracker*

MONTH: _____ **WEEK OF:** _____ **BUDGET:** _____

Monday — Date: ___ / ___ / ___

DESCRIPTION	AMOUNT
TOTAL	

Tuesday — Date: ___ / ___ / ___

DESCRIPTION	AMOUNT
TOTAL	

Wednesday — Date: ___ / ___ / ___

DESCRIPTION	AMOUNT
TOTAL	

Thursday — Date: ___ / ___ / ___

DESCRIPTION	AMOUNT
TOTAL	

WEEKLY *Expense Tracker*

MONTH: **WEEK OF:**   **BUDGET:**

Friday   Date: ___/___/___

DESCRIPTION	AMOUNT
TOTAL	

Saturday   Date: ___/___/___

DESCRIPTION	AMOUNT
TOTAL	

Sunday   Date: ___/___/___

DESCRIPTION	AMOUNT
TOTAL	

Notes: _____
_____
_____
_____
_____
_____
_____
_____
_____
_____
_____

WEEKLY *Expense Tracker*

MONTH: _____   **WEEK OF:** _____   **BUDGET:** _____

Monday Date: ___/___/___

DESCRIPTION	AMOUNT
TOTAL	

Tuesday Date: ___/___/___

DESCRIPTION	AMOUNT
TOTAL	

Wednesday Date: ___/___/___

DESCRIPTION	AMOUNT
TOTAL	

Thursday Date: ___/___/___

DESCRIPTION	AMOUNT
TOTAL	

WEEKLY *Expense Tracker*

MONTH: ☐ **WEEK OF:** ☐ **BUDGET:** ☐

Friday — Date: ___ /___ /___

DESCRIPTION	AMOUNT
TOTAL	

Saturday — Date: ___ /___ /___

DESCRIPTION	AMOUNT
TOTAL	

Sunday — Date: ___ /___ /___

DESCRIPTION	AMOUNT
TOTAL	

Notes:

_____
_____
_____
_____
_____
_____
_____
_____
_____
_____
_____

WEEKLY *Expense Tracker*

MONTH: **WEEK OF:**   **BUDGET:**

Monday   Date: ___ /___ /___

DESCRIPTION	AMOUNT
TOTAL	

Tuesday   Date: ___ /___ /___

DESCRIPTION	AMOUNT
TOTAL	

Wednesday   Date: ___ /___ /___

DESCRIPTION	AMOUNT
TOTAL	

Thursday   Date: ___ /___ /___

DESCRIPTION	AMOUNT
TOTAL	

WEEKLY *Expense Tracker*

MONTH: **WEEK OF:**   **BUDGET:**

Friday   Date: ___/___/___

DESCRIPTION	AMOUNT
TOTAL	

Saturday   Date: ___/___/___

DESCRIPTION	AMOUNT
TOTAL	

Sunday   Date: ___/___/___

DESCRIPTION	AMOUNT
TOTAL	

Notes:

_____
_____
_____
_____
_____
_____
_____
_____
_____
_____
_____
_____

WEEKLY *Expense Tracker*

MONTH: _____ **WEEK OF:** _____ **BUDGET:** _____

Monday — Date: ___ / ___ / ___

DESCRIPTION	AMOUNT
TOTAL	

Tuesday — Date: ___ / ___ / ___

DESCRIPTION	AMOUNT
TOTAL	

Wednesday — Date: ___ / ___ / ___

DESCRIPTION	AMOUNT
TOTAL	

Thursday — Date: ___ / ___ / ___

DESCRIPTION	AMOUNT
TOTAL	

WEEKLY *Expense Tracker*

MONTH: _____ **WEEK OF:** _____ **BUDGET:** _____

Friday   Date: ___ /___ /___

DESCRIPTION	AMOUNT
TOTAL	

Saturday   Date: ___ /___ /___

DESCRIPTION	AMOUNT
TOTAL	

Sunday   Date: ___ /___ /___

DESCRIPTION	AMOUNT
TOTAL	

Notes: _____
_____
_____
_____
_____
_____
_____
_____
_____
_____
_____
_____

WEEKLY *Expense Tracker*

MONTH: _____ **WEEK OF:** _____ **BUDGET:** _____

Monday — Date: ___/___/___

DESCRIPTION	AMOUNT
TOTAL	

Tuesday — Date: ___/___/___

DESCRIPTION	AMOUNT
TOTAL	

Wednesday — Date: ___/___/___

DESCRIPTION	AMOUNT
TOTAL	

Thursday — Date: ___/___/___

DESCRIPTION	AMOUNT
TOTAL	

WEEKLY *Expense Tracker*

MONTH: ⬚   **WEEK OF:** ⬚   **BUDGET:** ⬚

Friday   Date: __/__/__

DESCRIPTION	AMOUNT
TOTAL	

Saturday   Date: __/__/__

DESCRIPTION	AMOUNT
TOTAL	

Sunday   Date: __/__/__

DESCRIPTION	AMOUNT
TOTAL	

Notes:
_____
_____
_____
_____
_____
_____
_____
_____
_____
_____
_____

WEEKLY *Expense Tracker*

MONTH: **WEEK OF:**   **BUDGET:**

Monday   Date: ___ / ___ / ___

DESCRIPTION	AMOUNT
TOTAL	

Tuesday   Date: ___ / ___ / ___

DESCRIPTION	AMOUNT
TOTAL	

Wednesday   Date: ___ / ___ / ___

DESCRIPTION	AMOUNT
TOTAL	

Thursday   Date: ___ / ___ / ___

DESCRIPTION	AMOUNT
TOTAL	

WEEKLY *Expense Tracker*

MONTH: _____ **WEEK OF:** _____ **BUDGET:** _____

Friday — Date: ___ /___ /___

DESCRIPTION	AMOUNT
TOTAL	

Saturday — Date: ___ /___ /___

DESCRIPTION	AMOUNT
TOTAL	

Sunday — Date: ___ /___ /___

DESCRIPTION	AMOUNT
TOTAL	

Notes: _____
_____
_____
_____
_____
_____
_____
_____
_____
_____
_____
_____

WEEKLY *Expense Tracker*

MONTH: _____ **WEEK OF:** _____ **BUDGET:** _____

Monday — Date: ___/___/___

DESCRIPTION	AMOUNT
TOTAL	

Tuesday — Date: ___/___/___

DESCRIPTION	AMOUNT
TOTAL	

Wednesday — Date: ___/___/___

DESCRIPTION	AMOUNT
TOTAL	

Thursday — Date: ___/___/___

DESCRIPTION	AMOUNT
TOTAL	

WEEKLY *Expense Tracker*

MONTH: _____ **WEEK OF:** _____ **BUDGET:** _____

Friday Date: __/__/__

DESCRIPTION	AMOUNT
TOTAL	

Saturday Date: __/__/__

DESCRIPTION	AMOUNT
TOTAL	

Sunday Date: __/__/__

DESCRIPTION	AMOUNT
TOTAL	

Notes: _____
_____
_____
_____
_____
_____
_____
_____
_____
_____
_____
_____
_____

WEEKLY *Expense Tracker*

MONTH: **WEEK OF:**   **BUDGET:**

Monday   Date: ___ /___ /___

DESCRIPTION	AMOUNT
TOTAL	

Tuesday   Date: ___ /___ /___

DESCRIPTION	AMOUNT
TOTAL	

Wednesday   Date: ___ /___ /___

DESCRIPTION	AMOUNT
TOTAL	

Thursday   Date: ___ /___ /___

DESCRIPTION	AMOUNT
TOTAL	

WEEKLY *Expense Tracker*

MONTH: ☐ **WEEK OF:** ☐ **BUDGET:** ☐

Friday Date: __ /__ /__

DESCRIPTION	AMOUNT
TOTAL	

Saturday Date: __ /__ /__

DESCRIPTION	AMOUNT
TOTAL	

Sunday Date: __ /__ /__

DESCRIPTION	AMOUNT
TOTAL	

Notes: _____
_____
_____
_____
_____
_____
_____
_____
_____
_____
_____

WEEKLY *Expense Tracker*

MONTH: _____   **WEEK OF:** _____   **BUDGET:** _____

Monday — Date: ___/___/___

DESCRIPTION	AMOUNT
TOTAL	

Tuesday — Date: ___/___/___

DESCRIPTION	AMOUNT
TOTAL	

Wednesday — Date: ___/___/___

DESCRIPTION	AMOUNT
TOTAL	

Thursday — Date: ___/___/___

DESCRIPTION	AMOUNT
TOTAL	

WEEKLY *Expense Tracker*

MONTH: _____   **WEEK OF:** _____   **BUDGET:** _____

Friday   Date: ___ /___ /___

DESCRIPTION	AMOUNT
TOTAL	

Saturday   Date: ___ /___ /___

DESCRIPTION	AMOUNT
TOTAL	

Sunday   Date: ___ /___ /___

DESCRIPTION	AMOUNT
TOTAL	

Notes: _____
_____
_____
_____
_____
_____
_____
_____
_____
_____
_____
_____

WEEKLY *Expense Tracker*

MONTH: _____ **WEEK OF:** _____ **BUDGET:** _____

Monday Date: __/__/__

DESCRIPTION	AMOUNT
TOTAL	

Tuesday Date: __/__/__

DESCRIPTION	AMOUNT
TOTAL	

Wednesday Date: __/__/__

DESCRIPTION	AMOUNT
TOTAL	

Thursday Date: __/__/__

DESCRIPTION	AMOUNT
TOTAL	

WEEKLY *Expense Tracker*

MONTH: **WEEK OF:**   **BUDGET:**

Friday   Date: ___/___/___

DESCRIPTION	AMOUNT
TOTAL	

Saturday   Date: ___/___/___

DESCRIPTION	AMOUNT
TOTAL	

Sunday   Date: ___/___/___

DESCRIPTION	AMOUNT
TOTAL	

Notes:

_____
_____
_____
_____
_____
_____
_____
_____
_____
_____
_____

WEEKLY *Expense Tracker*

MONTH:　　　　**WEEK OF:**　　　　**BUDGET:**

Monday — Date: ___ /___ /___

DESCRIPTION	AMOUNT
TOTAL	

Tuesday — Date: ___ /___ /___

DESCRIPTION	AMOUNT
TOTAL	

Wednesday — Date: ___ /___ /___

DESCRIPTION	AMOUNT
TOTAL	

Thursday — Date: ___ /___ /___

DESCRIPTION	AMOUNT
TOTAL	

WEEKLY *Expense Tracker*

MONTH: _____ **WEEK OF:** _____ **BUDGET:** _____

Friday — Date: ___/___/___

DESCRIPTION	AMOUNT
TOTAL	

Saturday — Date: ___/___/___

DESCRIPTION	AMOUNT
TOTAL	

Sunday — Date: ___/___/___

DESCRIPTION	AMOUNT
TOTAL	

Notes:

_____
_____
_____
_____
_____
_____
_____
_____
_____
_____
_____

WEEKLY *Expense Tracker*

MONTH: _____ **WEEK OF:** _____ **BUDGET:** _____

Monday — Date: ___ / ___ / ___

DESCRIPTION	AMOUNT
TOTAL	

Tuesday — Date: ___ / ___ / ___

DESCRIPTION	AMOUNT
TOTAL	

Wednesday — Date: ___ / ___ / ___

DESCRIPTION	AMOUNT
TOTAL	

Thursday — Date: ___ / ___ / ___

DESCRIPTION	AMOUNT
TOTAL	

WEEKLY *Expense Tracker*

MONTH: _____ **WEEK OF:** _____ **BUDGET:** _____

Friday Date: ___ /___ /___

DESCRIPTION	AMOUNT
TOTAL	

Saturday Date: ___ /___ /___

DESCRIPTION	AMOUNT
TOTAL	

Sunday Date: ___ /___ /___

DESCRIPTION	AMOUNT
TOTAL	

Notes: _____
_____
_____
_____
_____
_____
_____
_____
_____
_____
_____

WEEKLY *Expense Tracker*

MONTH: **WEEK OF:**   **BUDGET:**

Monday   Date: ___ /___ /___

DESCRIPTION	AMOUNT
TOTAL	

Tuesday   Date: ___ /___ /___

DESCRIPTION	AMOUNT
TOTAL	

Wednesday   Date: ___ /___ /___

DESCRIPTION	AMOUNT
TOTAL	

Thursday   Date: ___ /___ /___

DESCRIPTION	AMOUNT
TOTAL	

WEEKLY *Expense Tracker*

MONTH: _____ **WEEK OF:** _____ **BUDGET:** _____

Friday   Date: ___/___/___

DESCRIPTION	AMOUNT
TOTAL	

Saturday   Date: ___/___/___

DESCRIPTION	AMOUNT
TOTAL	

Sunday   Date: ___/___/___

DESCRIPTION	AMOUNT
TOTAL	

Notes:

_____
_____
_____
_____
_____
_____
_____
_____
_____
_____
_____
_____

WEEKLY *Expense Tracker*

MONTH: ☐ **WEEK OF:** ☐ **BUDGET:** ☐

Monday — Date: __ /__ /__

DESCRIPTION	AMOUNT
TOTAL	

Tuesday — Date: __ /__ /__

DESCRIPTION	AMOUNT
TOTAL	

Wednesday — Date: __ /__ /__

DESCRIPTION	AMOUNT
TOTAL	

Thursday — Date: __ /__ /__

DESCRIPTION	AMOUNT
TOTAL	

WEEKLY *Expense Tracker*

MONTH: **WEEK OF:**   **BUDGET:**

Friday   Date: ___/___/___

DESCRIPTION	AMOUNT
TOTAL	

Saturday   Date: ___/___/___

DESCRIPTION	AMOUNT
TOTAL	

Sunday   Date: ___/___/___

DESCRIPTION	AMOUNT
TOTAL	

Notes: _____
_____
_____
_____
_____
_____
_____
_____
_____
_____
_____
_____

WEEKLY *Expense Tracker*

MONTH: _____ **WEEK OF:** _____ **BUDGET:** _____

Monday — Date: __/__/__

DESCRIPTION	AMOUNT
TOTAL	

Tuesday — Date: __/__/__

DESCRIPTION	AMOUNT
TOTAL	

Wednesday — Date: __/__/__

DESCRIPTION	AMOUNT
TOTAL	

Thursday — Date: __/__/__

DESCRIPTION	AMOUNT
TOTAL	

WEEKLY *Expense Tracker*

MONTH: ☐　　**WEEK OF:** ☐　　**BUDGET:** ☐

Friday — Date: ___ /___ /___

DESCRIPTION	AMOUNT
TOTAL	

Saturday — Date: ___ /___ /___

DESCRIPTION	AMOUNT
TOTAL	

Sunday — Date: ___ /___ /___

DESCRIPTION	AMOUNT
TOTAL	

Notes:

_____
_____
_____
_____
_____
_____
_____
_____
_____
_____
_____

WEEKLY *Expense Tracker*

MONTH: _____ **WEEK OF:** _____ **BUDGET:** _____

Monday Date: ___/___/___

DESCRIPTION	AMOUNT
TOTAL	

Tuesday Date: ___/___/___

DESCRIPTION	AMOUNT
TOTAL	

Wednesday Date: ___/___/___

DESCRIPTION	AMOUNT
TOTAL	

Thursday Date: ___/___/___

DESCRIPTION	AMOUNT
TOTAL	

WEEKLY *Expense Tracker*

MONTH: ⬜ **WEEK OF:** ⬜ **BUDGET:** ⬜

Friday — Date: ___/___/___

DESCRIPTION	AMOUNT
TOTAL	

Saturday — Date: ___/___/___

DESCRIPTION	AMOUNT
TOTAL	

Sunday — Date: ___/___/___

DESCRIPTION	AMOUNT
TOTAL	

Notes:

_____
_____
_____
_____
_____
_____
_____
_____
_____
_____
_____
_____

WEEKLY *Expense Tracker*

MONTH: **WEEK OF:**   **BUDGET:**

Monday   Date: ___ /___ /___

DESCRIPTION	AMOUNT
TOTAL	

Tuesday   Date: ___ /___ /___

DESCRIPTION	AMOUNT
TOTAL	

Wednesday   Date: ___ /___ /___

DESCRIPTION	AMOUNT
TOTAL	

Thursday   Date: ___ /___ /___

DESCRIPTION	AMOUNT
TOTAL	

WEEKLY *Expense Tracker*

MONTH: ____ **WEEK OF:** ____ **BUDGET:** ____

Friday Date: ___/___/___

DESCRIPTION	AMOUNT
TOTAL	

Saturday Date: ___/___/___

DESCRIPTION	AMOUNT
TOTAL	

Sunday Date: ___/___/___

DESCRIPTION	AMOUNT
TOTAL	

Notes: _____
_____
_____
_____
_____
_____
_____
_____
_____
_____
_____
_____
_____

WEEKLY *Expense Tracker*

MONTH: _____ **WEEK OF:** _____ **BUDGET:** _____

Monday — Date: ___/___/___

DESCRIPTION	AMOUNT
TOTAL	

Tuesday — Date: ___/___/___

DESCRIPTION	AMOUNT
TOTAL	

Wednesday — Date: ___/___/___

DESCRIPTION	AMOUNT
TOTAL	

Thursday — Date: ___/___/___

DESCRIPTION	AMOUNT
TOTAL	

WEEKLY *Expense Tracker*

MONTH: _____ **WEEK OF:** _____ **BUDGET:** _____

Friday Date: ___/___/___

DESCRIPTION	AMOUNT
TOTAL	

Saturday Date: ___/___/___

DESCRIPTION	AMOUNT
TOTAL	

Sunday Date: ___/___/___

DESCRIPTION	AMOUNT
TOTAL	

Notes: _____
_____
_____
_____
_____
_____
_____
_____
_____
_____
_____

WEEKLY *Expense Tracker*

MONTH: ☐ **WEEK OF:** ☐ **BUDGET:** ☐

Monday — Date: __ /__ /__

DESCRIPTION	AMOUNT
TOTAL	

Tuesday — Date: __ /__ /__

DESCRIPTION	AMOUNT
TOTAL	

Wednesday — Date: __ /__ /__

DESCRIPTION	AMOUNT
TOTAL	

Thursday — Date: __ /__ /__

DESCRIPTION	AMOUNT
TOTAL	

WEEKLY *Expense Tracker*

MONTH: **WEEK OF:**   **BUDGET:**

Friday   Date: __/__/__

DESCRIPTION	AMOUNT
TOTAL	

Saturday   Date: __/__/__

DESCRIPTION	AMOUNT
TOTAL	

Sunday   Date: __/__/__

DESCRIPTION	AMOUNT
TOTAL	

Notes:

_____
_____
_____
_____
_____
_____
_____
_____
_____
_____
_____

WEEKLY *Expense Tracker*

MONTH: **WEEK OF:**   **BUDGET:**

Monday   Date: ___ /___ /___

DESCRIPTION	AMOUNT
TOTAL	

Tuesday   Date: ___ /___ /___

DESCRIPTION	AMOUNT
TOTAL	

Wednesday   Date: ___ /___ /___

DESCRIPTION	AMOUNT
TOTAL	

Thursday   Date: ___ /___ /___

DESCRIPTION	AMOUNT
TOTAL	

WEEKLY *Expense Tracker*

MONTH: _____ **WEEK OF:** _____ **BUDGET:** _____

Friday Date: ___/___/___

DESCRIPTION	AMOUNT
TOTAL	

Saturday Date: ___/___/___

DESCRIPTION	AMOUNT
TOTAL	

Sunday Date: ___/___/___

DESCRIPTION	AMOUNT
TOTAL	

Notes: _____
_____
_____
_____
_____
_____
_____
_____
_____
_____

WEEKLY *Expense Tracker*

MONTH: _____ **WEEK OF:** _____ **BUDGET:** _____

Monday — Date: ___ /___ /___

DESCRIPTION	AMOUNT
TOTAL	

Tuesday — Date: ___ /___ /___

DESCRIPTION	AMOUNT
TOTAL	

Wednesday — Date: ___ /___ /___

DESCRIPTION	AMOUNT
TOTAL	

Thursday — Date: ___ /___ /___

DESCRIPTION	AMOUNT
TOTAL	

WEEKLY *Expense Tracker*

MONTH: _____ **WEEK OF:** _____ **BUDGET:** _____

Friday   Date: ___/___/___

DESCRIPTION	AMOUNT
TOTAL	

Saturday   Date: ___/___/___

DESCRIPTION	AMOUNT
TOTAL	

Sunday   Date: ___/___/___

DESCRIPTION	AMOUNT
TOTAL	

Notes: _____
_____
_____
_____
_____
_____
_____
_____
_____
_____
_____
_____

WEEKLY *Expense Tracker*

MONTH: _____ **WEEK OF:** _____ **BUDGET:** _____

Monday — Date: __/__/__

DESCRIPTION	AMOUNT
TOTAL	

Tuesday — Date: __/__/__

DESCRIPTION	AMOUNT
TOTAL	

Wednesday — Date: __/__/__

DESCRIPTION	AMOUNT
TOTAL	

Thursday — Date: __/__/__

DESCRIPTION	AMOUNT
TOTAL	

WEEKLY *Expense Tracker*

MONTH: _____ **WEEK OF:** _____ **BUDGET:** _____

Friday Date: ___/___/___

DESCRIPTION	AMOUNT
TOTAL	

Saturday Date: ___/___/___

DESCRIPTION	AMOUNT
TOTAL	

Sunday Date: ___/___/___

DESCRIPTION	AMOUNT
TOTAL	

Notes: _____
_____
_____
_____
_____
_____
_____
_____
_____
_____
_____
_____
_____

WEEKLY *Expense Tracker*

MONTH: _____ **WEEK OF:** _____ **BUDGET:** _____

Monday — Date: ___ /___ /___

DESCRIPTION	AMOUNT
TOTAL	

Tuesday — Date: ___ /___ /___

DESCRIPTION	AMOUNT
TOTAL	

Wednesday — Date: ___ /___ /___

DESCRIPTION	AMOUNT
TOTAL	

Thursday — Date: ___ /___ /___

DESCRIPTION	AMOUNT
TOTAL	

WEEKLY *Expense Tracker*

MONTH: _____   **WEEK OF:** _____   **BUDGET:** _____

Friday — Date: ___/___/___

DESCRIPTION	AMOUNT
TOTAL	

Saturday — Date: ___/___/___

DESCRIPTION	AMOUNT
TOTAL	

Sunday — Date: ___/___/___

DESCRIPTION	AMOUNT
TOTAL	

Notes: _____
_____
_____
_____
_____
_____
_____
_____
_____
_____
_____
_____
_____

WEEKLY *Expense Tracker*

MONTH: _____   **WEEK OF:** _____   **BUDGET:** _____

Monday — Date: __/__/__

DESCRIPTION	AMOUNT
TOTAL	

Tuesday — Date: __/__/__

DESCRIPTION	AMOUNT
TOTAL	

Wednesday — Date: __/__/__

DESCRIPTION	AMOUNT
TOTAL	

Thursday — Date: __/__/__

DESCRIPTION	AMOUNT
TOTAL	

WEEKLY *Expense Tracker*

MONTH: ☐ **WEEK OF:** ☐ **BUDGET:** ☐

Friday — Date: ___/___/___

DESCRIPTION	AMOUNT
TOTAL	

Saturday — Date: ___/___/___

DESCRIPTION	AMOUNT
TOTAL	

Sunday — Date: ___/___/___

DESCRIPTION	AMOUNT
TOTAL	

Notes: _____
_____
_____
_____
_____
_____
_____
_____
_____
_____
_____
_____

WEEKLY *Expense Tracker*

MONTH: _____ **WEEK OF:** _____ **BUDGET:** _____

Monday — Date: ___ /___ /___

DESCRIPTION	AMOUNT
TOTAL	

Tuesday — Date: ___ /___ /___

DESCRIPTION	AMOUNT
TOTAL	

Wednesday — Date: ___ /___ /___

DESCRIPTION	AMOUNT
TOTAL	

Thursday — Date: ___ /___ /___

DESCRIPTION	AMOUNT
TOTAL	

WEEKLY *Expense Tracker*

MONTH: _____ **WEEK OF:** _____ **BUDGET:** _____

Friday — Date: ___/___/___

DESCRIPTION	AMOUNT
TOTAL	

Saturday — Date: ___/___/___

DESCRIPTION	AMOUNT
TOTAL	

Sunday — Date: ___/___/___

DESCRIPTION	AMOUNT
TOTAL	

Notes: _____

WEEKLY *Expense Tracker*

MONTH: **WEEK OF:**   **BUDGET:**

Monday   Date: ___ /___ /___

DESCRIPTION	AMOUNT
TOTAL	

Tuesday   Date: ___ /___ /___

DESCRIPTION	AMOUNT
TOTAL	

Wednesday   Date: ___ /___ /___

DESCRIPTION	AMOUNT
TOTAL	

Thursday   Date: ___ /___ /___

DESCRIPTION	AMOUNT
TOTAL	

WEEKLY *Expense Tracker*

MONTH: **WEEK OF:**   **BUDGET:**

Friday   Date: ___ /___ /___

DESCRIPTION	AMOUNT
TOTAL	

Saturday   Date: ___ /___ /___

DESCRIPTION	AMOUNT
TOTAL	

Sunday   Date: ___ /___ /___

DESCRIPTION	AMOUNT
TOTAL	

Notes:

_____
_____
_____
_____
_____
_____
_____
_____
_____
_____
_____

WEEKLY *Expense Tracker*

MONTH: ☐ **WEEK OF:** ☐ **BUDGET:** ☐

Monday — Date: __/__/__

DESCRIPTION	AMOUNT
TOTAL	

Tuesday — Date: __/__/__

DESCRIPTION	AMOUNT
TOTAL	

Wednesday — Date: __/__/__

DESCRIPTION	AMOUNT
TOTAL	

Thursday — Date: __/__/__

DESCRIPTION	AMOUNT
TOTAL	

WEEKLY *Expense Tracker*

MONTH: **WEEK OF:**   **BUDGET:**

Friday   Date: ___/___/___

DESCRIPTION	AMOUNT
TOTAL	

Saturday   Date: ___/___/___

DESCRIPTION	AMOUNT
TOTAL	

Sunday   Date: ___/___/___

DESCRIPTION	AMOUNT
TOTAL	

Notes: _____
_____
_____
_____
_____
_____
_____
_____
_____
_____
_____

WEEKLY *Expense Tracker*

MONTH: **WEEK OF:** **BUDGET:**

Monday — Date: ___ / ___ / ___

DESCRIPTION	AMOUNT
TOTAL	

Tuesday — Date: ___ / ___ / ___

DESCRIPTION	AMOUNT
TOTAL	

Wednesday — Date: ___ / ___ / ___

DESCRIPTION	AMOUNT
TOTAL	

Thursday — Date: ___ / ___ / ___

DESCRIPTION	AMOUNT
TOTAL	

WEEKLY *Expense Tracker*

MONTH: _____ **WEEK OF:** _____ **BUDGET:** _____

Friday Date: ___/___/___

DESCRIPTION	AMOUNT
TOTAL	

Saturday Date: ___/___/___

DESCRIPTION	AMOUNT
TOTAL	

Sunday Date: ___/___/___

DESCRIPTION	AMOUNT
TOTAL	

Notes: _____
_____
_____
_____
_____
_____
_____
_____
_____
_____
_____

WEEKLY *Expense Tracker*

MONTH: _____ **WEEK OF:** _____ **BUDGET:** _____

Monday — Date: __ /__ /__

DESCRIPTION	AMOUNT
TOTAL	

Tuesday — Date: __ /__ /__

DESCRIPTION	AMOUNT
TOTAL	

Wednesday — Date: __ /__ /__

DESCRIPTION	AMOUNT
TOTAL	

Thursday — Date: __ /__ /__

DESCRIPTION	AMOUNT
TOTAL	

WEEKLY *Expense Tracker*

MONTH: **WEEK OF:**   **BUDGET:**

Friday   Date: ___ /___ /___

DESCRIPTION	AMOUNT
TOTAL	

Saturday   Date: ___ /___ /___

DESCRIPTION	AMOUNT
TOTAL	

Sunday   Date: ___ /___ /___

DESCRIPTION	AMOUNT
TOTAL	

Notes:

_____
_____
_____
_____
_____
_____
_____
_____
_____
_____
_____
_____

WEEKLY *Expense Tracker*

MONTH: **WEEK OF:** **BUDGET:**

Monday — Date: ___ /___ /___

DESCRIPTION	AMOUNT
TOTAL	

Tuesday — Date: ___ /___ /___

DESCRIPTION	AMOUNT
TOTAL	

Wednesday — Date: ___ /___ /___

DESCRIPTION	AMOUNT
TOTAL	

Thursday — Date: ___ /___ /___

DESCRIPTION	AMOUNT
TOTAL	

WEEKLY *Expense Tracker*

MONTH: **WEEK OF:**   **BUDGET:**

Friday   Date: ___/___/___

DESCRIPTION	AMOUNT
TOTAL	

Saturday   Date: ___/___/___

DESCRIPTION	AMOUNT
TOTAL	

Sunday   Date: ___/___/___

DESCRIPTION	AMOUNT
TOTAL	

Notes: _____
_____
_____
_____
_____
_____
_____
_____
_____
_____
_____

WEEKLY *Expense Tracker*

MONTH: _____ **WEEK OF:** _____ **BUDGET:** _____

Monday — Date: ___ /___ /___

DESCRIPTION	AMOUNT
TOTAL	

Tuesday — Date: ___ /___ /___

DESCRIPTION	AMOUNT
TOTAL	

Wednesday — Date: ___ /___ /___

DESCRIPTION	AMOUNT
TOTAL	

Thursday — Date: ___ /___ /___

DESCRIPTION	AMOUNT
TOTAL	

WEEKLY *Expense Tracker*

MONTH: _____ **WEEK OF:** _____ **BUDGET:** _____

Friday — Date: ___/___/___

DESCRIPTION	AMOUNT
TOTAL	

Saturday — Date: ___/___/___

DESCRIPTION	AMOUNT
TOTAL	

Sunday — Date: ___/___/___

DESCRIPTION	AMOUNT
TOTAL	

Notes:

_____
_____
_____
_____
_____
_____
_____
_____
_____
_____
_____

WEEKLY *Expense Tracker*

MONTH: **WEEK OF:**   **BUDGET:**

Monday   Date: __ / __ / __

DESCRIPTION	AMOUNT
TOTAL	

Tuesday   Date: __ / __ / __

DESCRIPTION	AMOUNT
TOTAL	

Wednesday   Date: __ / __ / __

DESCRIPTION	AMOUNT
TOTAL	

Thursday   Date: __ / __ / __

DESCRIPTION	AMOUNT
TOTAL	

WEEKLY *Expense Tracker*

MONTH: _____   **WEEK OF:** _____   **BUDGET:** _____

Friday Date: ___ /___ /___

DESCRIPTION	AMOUNT
TOTAL	

Saturday Date: ___ /___ /___

DESCRIPTION	AMOUNT
TOTAL	

Sunday Date: ___ /___ /___

DESCRIPTION	AMOUNT
TOTAL	

Notes: _____
_____
_____
_____
_____
_____
_____
_____
_____
_____
_____
_____

WEEKLY *Expense Tracker*

MONTH: **WEEK OF:**   **BUDGET:**

Monday   Date: ___ /___ /___

DESCRIPTION	AMOUNT
TOTAL	

Tuesday   Date: ___ /___ /___

DESCRIPTION	AMOUNT
TOTAL	

Wednesday   Date: ___ /___ /___

DESCRIPTION	AMOUNT
TOTAL	

Thursday   Date: ___ /___ /___

DESCRIPTION	AMOUNT
TOTAL	

WEEKLY *Expense Tracker*

MONTH: **WEEK OF:**   **BUDGET:**

Friday   Date: __ /__ /__

DESCRIPTION	AMOUNT
TOTAL	

Saturday   Date: __ /__ /__

DESCRIPTION	AMOUNT
TOTAL	

Sunday   Date: __ /__ /__

DESCRIPTION	AMOUNT
TOTAL	

Notes: _____
_____
_____
_____
_____
_____
_____
_____
_____
_____
_____

WEEKLY *Expense Tracker*

MONTH: _____ **WEEK OF:** _____ **BUDGET:** _____

Monday — Date: ___/___/___

DESCRIPTION	AMOUNT
TOTAL	

Tuesday — Date: ___/___/___

DESCRIPTION	AMOUNT
TOTAL	

Wednesday — Date: ___/___/___

DESCRIPTION	AMOUNT
TOTAL	

Thursday — Date: ___/___/___

DESCRIPTION	AMOUNT
TOTAL	

WEEKLY *Expense Tracker*

MONTH: _____   **WEEK OF:** _____   **BUDGET:** _____

Friday Date: ___/___/___

DESCRIPTION	AMOUNT
TOTAL	

Saturday Date: ___/___/___

DESCRIPTION	AMOUNT
TOTAL	

Sunday Date: ___/___/___

DESCRIPTION	AMOUNT
TOTAL	

Notes: _____
_____
_____
_____
_____
_____
_____
_____
_____
_____
_____
_____

WEEKLY *Expense Tracker*

MONTH: **WEEK OF:**   **BUDGET:**

Monday   Date: ___ /___ /___

DESCRIPTION	AMOUNT
TOTAL	

Tuesday   Date: ___ /___ /___

DESCRIPTION	AMOUNT
TOTAL	

Wednesday   Date: ___ /___ /___

DESCRIPTION	AMOUNT
TOTAL	

Thursday   Date: ___ /___ /___

DESCRIPTION	AMOUNT
TOTAL	

WEEKLY *Expense Tracker*

MONTH: ____ **WEEK OF:** ____ **BUDGET:** ____

Friday Date: __/__/__

DESCRIPTION	AMOUNT
TOTAL	

Saturday Date: __/__/__

DESCRIPTION	AMOUNT
TOTAL	

Sunday Date: __/__/__

DESCRIPTION	AMOUNT
TOTAL	

Notes: _____
_____
_____
_____
_____
_____
_____
_____
_____
_____
_____
_____
_____

WEEKLY *Expense Tracker*

MONTH: _____ **WEEK OF:** _____ **BUDGET:** _____

Monday — Date: ___/___/___

DESCRIPTION	AMOUNT
TOTAL	

Tuesday — Date: ___/___/___

DESCRIPTION	AMOUNT
TOTAL	

Wednesday — Date: ___/___/___

DESCRIPTION	AMOUNT
TOTAL	

Thursday — Date: ___/___/___

DESCRIPTION	AMOUNT
TOTAL	

WEEKLY *Expense Tracker*

MONTH: _____   **WEEK OF:** _____   **BUDGET:** _____

Friday — Date: ___/___/___

DESCRIPTION	AMOUNT
TOTAL	

Saturday — Date: ___/___/___

DESCRIPTION	AMOUNT
TOTAL	

Sunday — Date: ___/___/___

DESCRIPTION	AMOUNT
TOTAL	

Notes:

_____
_____
_____
_____
_____
_____
_____
_____
_____
_____
_____

WEEKLY *Expense Tracker*

MONTH: _____ **WEEK OF:** _____ **BUDGET:** _____

Monday — Date: ___/___/___

DESCRIPTION	AMOUNT
TOTAL	

Tuesday — Date: ___/___/___

DESCRIPTION	AMOUNT
TOTAL	

Wednesday — Date: ___/___/___

DESCRIPTION	AMOUNT
TOTAL	

Thursday — Date: ___/___/___

DESCRIPTION	AMOUNT
TOTAL	

WEEKLY *Expense Tracker*

MONTH: _____ **WEEK OF:** _____ **BUDGET:** _____

Friday   Date: ___ /___ /___

DESCRIPTION	AMOUNT
TOTAL	

Saturday   Date: ___ /___ /___

DESCRIPTION	AMOUNT
TOTAL	

Sunday   Date: ___ /___ /___

DESCRIPTION	AMOUNT
TOTAL	

Notes: _____
_____
_____
_____
_____
_____
_____
_____
_____
_____
_____
_____

WEEKLY *Expense Tracker*

MONTH: _____ **WEEK OF:** _____ **BUDGET:** _____

Monday — Date: ___/___/___

DESCRIPTION	AMOUNT
TOTAL	

Tuesday — Date: ___/___/___

DESCRIPTION	AMOUNT
TOTAL	

Wednesday — Date: ___/___/___

DESCRIPTION	AMOUNT
TOTAL	

Thursday — Date: ___/___/___

DESCRIPTION	AMOUNT
TOTAL	

WEEKLY *Expense Tracker*

MONTH: _____   **WEEK OF:** _____   **BUDGET:** _____

Friday — Date: ___/___/___

DESCRIPTION	AMOUNT
TOTAL	

Saturday — Date: ___/___/___

DESCRIPTION	AMOUNT
TOTAL	

Sunday — Date: ___/___/___

DESCRIPTION	AMOUNT
TOTAL	

Notes: _____
_____
_____
_____
_____
_____
_____
_____
_____
_____
_____
_____

WEEKLY *Expense Tracker*

MONTH: **WEEK OF:**   **BUDGET:**

Monday   Date: ___ /___ /___

DESCRIPTION	AMOUNT
TOTAL	

Tuesday   Date: ___ /___ /___

DESCRIPTION	AMOUNT
TOTAL	

Wednesday   Date: ___ /___ /___

DESCRIPTION	AMOUNT
TOTAL	

Thursday   Date: ___ /___ /___

DESCRIPTION	AMOUNT
TOTAL	

WEEKLY *Expense Tracker*

MONTH: **WEEK OF:**   **BUDGET:**

Friday   Date: ___/___/___

DESCRIPTION	AMOUNT
TOTAL	

Saturday   Date: ___/___/___

DESCRIPTION	AMOUNT
TOTAL	

Sunday   Date: ___/___/___

DESCRIPTION	AMOUNT
TOTAL	

Notes:

_____
_____
_____
_____
_____
_____
_____
_____
_____
_____
_____
_____

WEEKLY *Expense Tracker*

MONTH: _____ **WEEK OF:** _____ **BUDGET:** _____

Monday Date: ___ /___ /___

DESCRIPTION	AMOUNT
TOTAL	

Tuesday Date: ___ /___ /___

DESCRIPTION	AMOUNT
TOTAL	

Wednesday Date: ___ /___ /___

DESCRIPTION	AMOUNT
TOTAL	

Thursday Date: ___ /___ /___

DESCRIPTION	AMOUNT
TOTAL	

WEEKLY *Expense Tracker*

MONTH: _____ **WEEK OF:** _____ **BUDGET:** _____

Friday — Date: ___/___/___

DESCRIPTION	AMOUNT
TOTAL	

Saturday — Date: ___/___/___

DESCRIPTION	AMOUNT
TOTAL	

Sunday — Date: ___/___/___

DESCRIPTION	AMOUNT
TOTAL	

Notes: _____
_____
_____
_____
_____
_____
_____
_____
_____
_____
_____

WEEKLY *Expense Tracker*

MONTH: _____   **WEEK OF:** _____   **BUDGET:** _____

Monday   Date: ___/___/___

DESCRIPTION	AMOUNT
TOTAL	

Tuesday   Date: ___/___/___

DESCRIPTION	AMOUNT
TOTAL	

Wednesday   Date: ___/___/___

DESCRIPTION	AMOUNT
TOTAL	

Thursday   Date: ___/___/___

DESCRIPTION	AMOUNT
TOTAL	

WEEKLY *Expense Tracker*

MONTH: **WEEK OF:**   **BUDGET:**

Friday   Date: ___/___/___

DESCRIPTION	AMOUNT
TOTAL	

Saturday   Date: ___/___/___

DESCRIPTION	AMOUNT
TOTAL	

Sunday   Date: ___/___/___

DESCRIPTION	AMOUNT
TOTAL	

Notes:

_____
_____
_____
_____
_____
_____
_____
_____
_____
_____
_____
_____

WEEKLY *Expense Tracker*

MONTH: **WEEK OF:**   **BUDGET:**

Monday   Date: ___/___/___

DESCRIPTION	AMOUNT
TOTAL	

Tuesday   Date: ___/___/___

DESCRIPTION	AMOUNT
TOTAL	

Wednesday   Date: ___/___/___

DESCRIPTION	AMOUNT
TOTAL	

Thursday   Date: ___/___/___

DESCRIPTION	AMOUNT
TOTAL	

WEEKLY *Expense Tracker*

MONTH: **WEEK OF:**   **BUDGET:**

Friday   Date: ___ /___ /___

DESCRIPTION	AMOUNT
TOTAL	

Saturday   Date: ___ /___ /___

DESCRIPTION	AMOUNT
TOTAL	

Sunday   Date: ___ /___ /___

DESCRIPTION	AMOUNT
TOTAL	

Notes:

_____
_____
_____
_____
_____
_____
_____
_____
_____
_____
_____
_____

WEEKLY *Expense Tracker*

MONTH: **WEEK OF:**   **BUDGET:**

Monday   Date: ___ /___ /___

DESCRIPTION	AMOUNT
TOTAL	

Tuesday   Date: ___ /___ /___

DESCRIPTION	AMOUNT
TOTAL	

Wednesday   Date: ___ /___ /___

DESCRIPTION	AMOUNT
TOTAL	

Thursday   Date: ___ /___ /___

DESCRIPTION	AMOUNT
TOTAL	

WEEKLY *Expense Tracker*

MONTH: **WEEK OF:**   **BUDGET:**

Friday   Date: ___ /___ /___

DESCRIPTION	AMOUNT
TOTAL	

Saturday   Date: ___ /___ /___

DESCRIPTION	AMOUNT
TOTAL	

Sunday   Date: ___ /___ /___

DESCRIPTION	AMOUNT
TOTAL	

Notes: _____
_____
_____
_____
_____
_____
_____
_____
_____
_____
_____

WEEKLY *Expense Tracker*

MONTH: _____ **WEEK OF:** _____ **BUDGET:** _____

Monday — Date: ___ /___ /___

DESCRIPTION	AMOUNT
TOTAL	

Tuesday — Date: ___ /___ /___

DESCRIPTION	AMOUNT
TOTAL	

Wednesday — Date: ___ /___ /___

DESCRIPTION	AMOUNT
TOTAL	

Thursday — Date: ___ /___ /___

DESCRIPTION	AMOUNT
TOTAL	

WEEKLY *Expense Tracker*

MONTH: _____   **WEEK OF:** _____   **BUDGET:** _____

Friday   Date: __ /__ /__

DESCRIPTION	AMOUNT
TOTAL	

Saturday   Date: __ /__ /__

DESCRIPTION	AMOUNT
TOTAL	

Sunday   Date: __ /__ /__

DESCRIPTION	AMOUNT
TOTAL	

Notes: _____
_____
_____
_____
_____
_____
_____
_____
_____
_____
_____

WEEKLY *Expense Tracker*

MONTH: _____ **WEEK OF:** _____ **BUDGET:** _____

Monday — Date: ___/___/___

DESCRIPTION	AMOUNT
TOTAL	

Tuesday — Date: ___/___/___

DESCRIPTION	AMOUNT
TOTAL	

Wednesday — Date: ___/___/___

DESCRIPTION	AMOUNT
TOTAL	

Thursday — Date: ___/___/___

DESCRIPTION	AMOUNT
TOTAL	

WEEKLY *Expense Tracker*

MONTH: _____ **WEEK OF:** _____ **BUDGET:** _____

Friday — Date: ___/___/___

DESCRIPTION	AMOUNT
TOTAL	

Saturday — Date: ___/___/___

DESCRIPTION	AMOUNT
TOTAL	

Sunday — Date: ___/___/___

DESCRIPTION	AMOUNT
TOTAL	

Notes: _____

WEEKLY *Expense Tracker*

MONTH: **WEEK OF:**   **BUDGET:**

Monday   Date: ___/___/___

DESCRIPTION	AMOUNT
TOTAL	

Tuesday   Date: ___/___/___

DESCRIPTION	AMOUNT
TOTAL	

Wednesday   Date: ___/___/___

DESCRIPTION	AMOUNT
TOTAL	

Thursday   Date: ___/___/___

DESCRIPTION	AMOUNT
TOTAL	

WEEKLY *Expense Tracker*

MONTH: **WEEK OF:**   **BUDGET:**

Friday   Date: ___/___/___

DESCRIPTION	AMOUNT
TOTAL	

Saturday   Date: ___/___/___

DESCRIPTION	AMOUNT
TOTAL	

Sunday   Date: ___/___/___

DESCRIPTION	AMOUNT
TOTAL	

Notes: _____
_____
_____
_____
_____
_____
_____
_____
_____
_____
_____
_____